Namsai

Mes Amis les CHEVAUX

Sophie Thalmann

La mascotte du centre équestre

Écrit par Natacha Godeau.
Illustrations : Isabelle Mandrou.
Conception graphique du roman : Audrey Thierry.

Hachette Livre, 58, rue Jean-Bleuzen, 92178 Vanves Cedex.

Mes Amis les CHEVAUX

La mascotte du centre équestre

Sophie Thalmann

Hachette JEUNESSE

Zéphyr

Ce pur-sang arabe à la robe « alezan brûlé » est le plus rapide du haras… et il adore s'en vanter ! Sûr de lui, il agace parfois les autres chevaux. Andalou est son principal rival, mais Zéphyr ne s'inquiète pas une seconde : c'est lui le meilleur, et il va le lui prouver !

Féline

Avec sa robe baie aux reflets dorés, cette jument lusitanienne a une apparence féline... D'où son nom ! Têtue, battante et fière, elle ne se laisse pas faire et obtient toujours ce qu'elle veut. Et même si elle a tendance à être très capricieuse, Andalou et Zéphyr ne sont pas insensibles à son charme !

Moustique
Mais quelle mouche a bien pu piquer cet adorable shetland ? Très ambitieux, il déteste qu'on ne le prenne pas au sérieux et il est incapable de tenir en place. Andalou l'a même surnommé « mini-Zéphyr », tant il aime parader !

Andalou

Andalou est le cheval préféré des enfants et de ses compagnons. Il est aimé et respecté parce qu'il est réfléchi et très courageux. Pas étonnant que Moustique rêve de lui ressembler ! Il aime passer du temps avec Féline et est en compétition avec Zéphyr.

Percheron

Percheron est un cheval de trait. En plus de son travail à la ferme, il adore faire de longues promenades en charrette avec les visiteurs. Bien que très impressionnant, il est doux et amical. C'est le cheval le plus sage, et surtout le plus gentil !

Lulu

La plus vieille jument du haras est une sorte de « cheval de secours » ! Sage et bienveillante, elle aime aussi taquiner les jeunes chevaux, surtout Zéphyr et Féline… Quant à Moustique, c'est son chouchou. D'ailleurs, c'est comme ça qu'elle le surnomme !

Sophie

Elle est toujours là pour s'occuper de ses chevaux et du haras. C'est une cavalière très douée, passionnée, et qui adore monter Féline, sa jument préférée. Lorsqu'elle ne s'occupe pas de ses animaux, elle donne des cours d'équitation aux enfants.

Prologue

Le matin se lève sur le centre équestre. Comme chaque jour, Sophie et Victor se rendent à l'écurie afin de nourrir les chevaux. Une bonne ration d'avoine pour débuter la journée, une carotte croquante et de l'eau fraîche. Miam, quel régal !

– J'aimerais faire un peu de publicité sur le haras, annonce Sophie. Que dirais-tu de choisir une mascotte, pour nous représenter, Victor ?

– Excellente idée ! s'empresse de répondre le palefrenier avec enthousiasme. On va demander aux élèves du cours d'équitation d'élire le cheval qui représente le mieux le haras !

Une fois leur travail terminé, Sophie et Victor quittent l'écurie. Aussitôt, Féline se met à piaffer dans son box.

– Oh ! là, là ! Je vais être la mascotte du centre équestre !

hennit-elle. Quelle belle responsabilité !

Moustique, contrarié, fronce le nez.

– Je suis le plus mignon. Ce sera moi, la mascotte ! bougonne-t-il.

– Le petit chou a raison, approuve Lulu.

–Je ne suis pas un petit chou, mais j'ai raison, ça oui ! réplique le poney.

Du fond de sa stalle, Percheron proteste :

– Le plus mignon ne représente pas forcément le haras. Moi, je suis le plus fort. Lulu est la plus âgée. Andalou, le plus sérieux. Féline, la plus jolie. Et Zéphyr, le plus fougueux. Les élèves devront bien réfléchir avant de choisir !

– Moi aussi, je suis fougueux ! grogne Andalou.

– Moi aussi, je suis sérieux ! gronde Zéphyr.

– Et moi, je suis la plus jolie ! se vante alors Féline. Pas de doute, les amis. Inutile de discuter, la mascotte du centre équestre, ce sera moi !

Qui veut faire bonne impression ?

Plus tard, au paddock, le cours d'équitation touche à sa fin. Les quatre élèves du jour ont très bien travaillé !

– Parfait ! les félicite Sophie, satisfaite. Vous allez finir la séance en faisant trois fois le tour de l'enclos au petit trot. Pensez à vous tenir les épaules droites !

Moustique, Zéphyr, Andalou et Féline s'appliquent à avancer d'un pas régulier, afin de ne pas déstabiliser leurs jeunes cavaliers. Tout se passe au mieux lorsque, soudain, Moustique accélère en criant à ses amis :

– Vous avez vu comme je galope ? Je vais tellement les épater qu'ils voteront pour moi comme mascotte du haras !

Et *zou !* Le poney distance les autres chevaux. Zéphyr souffle avec colère.

– N’importe quoi ! peste-t-il. Tout le monde sait que je suis le plus rapide. Je n’ai pas besoin de le prouver, moi, au moins !

Sur ces paroles, il bondit en avant et dépasse Moustique en lui tirant la langue.

– Je m'en fiche, j'ai appris à marcher debout sur les jambes arrière, au cirque ! réplique le poney en se redressant brusquement.

Sur son dos, l'élève s'agrippe aux rênes en hurlant :

– Aaah ! Sophie ! Au secours ! Moustique se cabre !

La directrice du centre équestre se précipite au secours de la fillette. Elle saisit la bride

du poney et l'oblige doucement à s'arrêter.

– Du calme, Moustique ! Repose les pieds par terre, murmure-t-elle avant de rassurer la fillette apeurée.

– Ne t'inquiète pas, Moustique ne recommencera pas. Il voulait sans doute impressionner Zéphyr au moment où ce dernier s'est mis à filer comme le vent !

À ces mots, le pur-sang s'immobilise. Il ne voudrait surtout pas effrayer son jeune cavalier ! Hélas, Andalou en profite immédiatement pour prendre tranquillement la tête du cortège. Il passe sous le nez de Zéphyr en redressant le menton d'un air fier.

– Inutile de crâner, Andalou ! s'énerve le pur-sang.

– Crâner ? réplique l'étalon. Qui crâne, ici ?

– Féline ! s'écrie Moustique entre deux hennissements de rire. Non mais regardez-la un peu !

En effet, la jument se pavane en tentant de marcher sur la pointe des sabots, comme le ferait une danseuse. L'air digne, elle agite sa crinière de droite

à gauche, les oreilles dressées vers le ciel. Certes, elle veille à son allure, mais elle n'avance plus du tout au petit trot ! Sa jeune cavalière, incapable de la diriger dans ces conditions, prend peur.

– Sophie ! appelle-t-elle. Féline est devenue folle, ou quoi ? !

– Comment ose-t-elle me traiter de folle ? se vexe la jument. Elle doit être jalouse de ma beauté !

Et sans hésiter, elle part au triple galop, en faisant des sauts, comme des entrechats. Heureusement, Sophie la rattrape avant qu'elle ne se torde la cheville. Couchés sous leur arbre préféré, Lulu et Percheron, trop âgés pour participer à la leçon, assistent avec amusement à la scène.

– Nom d'une marguerite ! se moque gentiment la vieille jument. Les pauvres essaient de se faire remarquer, et ils ont tout faux !

– Non, Sophie les a remarqués, au contraire ! corrige Percheron sur un ton ironique.

Au même instant, la directrice du centre équestre annonce justement que le cours est terminé.

– Laissez les chevaux au paddock, ordonne-t-elle aux élèves.

Apparemment, ils ont besoin de se calmer un peu ! Ôtez leur harnachement et rangez les selles à l'écurie. Victor et moi nous occuperons ensuite de bouchonner les chevaux dans leur box.

– Mais pourquoi ? s'étonne l'un des enfants.

– Pour une fois, je voudrais employer autrement les dernières minutes de notre leçon, répond Sophie.

Elle cligne de l'œil d'un air mystérieux avant de préciser :

– En attendant de décider quel cheval sera la mascotte

du haras, vous allez voter pour celui qui, selon vous, s'est le mieux comporté aujourd'hui !

– Oh, ce n'est pas vrai ! panique Féline.

Elle minaude, relève la tête avec coquetterie, retrousse les lèvres sur ses dents épaisses…

– Si j'avais su, j'aurais fait plus attention ! ajoute-t-elle, plaintive.

– Pitié, arrête ! plaisante alors Lulu, rieuse. Tu en as déjà assez fait !

Piquée au vif, Féline se baisse sans un mot pour brouter une touffe d'herbe bien grasse. Près d'elle, Zéphyr et Andalou font semblant de ne pas être concernés par la conversation. Ils ont beau prétendre que le résultat du vote ne les intéresse pas, en réalité, ils écoutent de toutes leurs oreilles les enfants proclamer à l'unanimité :

– Nous votons pour Lulu et Percheron !

Douce rivalité

– Lulu et Percheron ?!

Sophie n'en revient pas. Quel choix étrange : ces deux-là ne participent même pas aux cours d'équitation ! Les chevaux aussi sont étonnés. Heureusement, un élève explique :

– Lulu et Percheron sont restés sagement couchés sous leur arbre, comme d'habitude. Alors qu'aujourd'hui, les autres ont fait n'importe quoi !

Sophie éclate de rire.

– Oui, il faut bien l'avouer ! admet-elle. Je ne les avais encore jamais vus aussi dissipés !

Elle quitte alors l'enclos du paddock avec ses quatre jeunes élèves du jour. Laissés seuls, les chevaux recommencent à discuter entre eux.

– C'est trop injuste, cette histoire ! bougonne Féline.

– On a quand même un peu exagéré… reconnaît humblement Andalou.

Aussitôt, Zéphyr s'insurge. Il tape du pied par terre.

– On n'a pas exagéré du tout ! fulmine-t-il.

– On a juste essayé de gagner, renchérit Moustique.

À ces mots, Lulu et Percheron se lèvent lourdement et rejoignent leurs amis à la barrière.

– Inutile de vous énerver, dit le cheval de trait. La mascotte n'a pas encore été élue !

– Et puis vous n'aviez qu'à ne pas agir aussi bizarrement ! souffle Lulu.

Moustique secoue sa crinière avec colère.

– Mais ça n'a rien de bizarre, de marcher sur les jambes arrière ! râle-t-il.

– En tout cas, ce n'est pas plus étrange que de se pavaner sur la pointe des sabots, lance Lulu en jetant un coup d'œil appuyé à Féline.

La jolie jument riposte immédiatement.

– Et alors ? gronde-t-elle. J'ai tout de même le droit de me déplacer avec chic si j'en ai envie !

Et ni une ni deux, elle tente de traverser l'enclos sur les pointes, lorsqu'elle trébuche sur un gros caillou. Par chance, elle ne se blesse pas…

– Attention ! s'inquiète Andalou. Tu aurais pu te fouler une cheville !

De son côté, Zéphyr pousse un soupir.

– Tu vois bien que tu avances drôlement ! taquine-t-il Féline.

Agacée, celle-ci se met à brouter en silence. Elle ne se sent pas vraiment ridicule. Elle préfère simplement ignorer les remarques du pur-sang.

– De toute façon, moi, je m'en moque complètement, de ce que vous pensez ! déclare soudain Moustique. Je veux remporter le titre de mascotte du haras, et rien ne m'en empêchera !

Et pour montrer à tous l'étendue de son talent, il se dresse sur ses pattes avant, tient ainsi en équilibre, puis marche la tête en bas, sa longue crinière rabattue sur les yeux.

– Bravo ! s'exclame Lulu, admirative. Ma parole, le petit chou est un vrai acrobate !

– Je ne suis pas un petit chou, mais je suis un super acrobate, ça oui ! hennit le poney.

– Moustique a raison ! s'écrie Féline. Après tout, moi aussi, je me moque de votre avis !

Et la voici qui parade à nouveau en se donnant des airs de princesse, le nez froncé, les paupières closes et les lèvres retroussées.

– Je gagnerai l'élection grâce à mon charme ravageur ! affirme-t-elle.

– Ne te vante pas trop, lui conseille alors Moustique. Parce que moi, tout le monde me trouve adorable !

Percheron lève les yeux au ciel.

– Qui a dit que notre mascotte devait être adorable ? demande-t-il.

– Il lui faut bien d'autres qualités, ça, c'est sûr, enchaîne Zéphyr. Par exemple, savoir galoper plus vite que le vent !

Et *hop !* Le pur-sang fonce à l'autre bout du paddock, puis

revient en quelques secondes à peine. Ses amis le contemplent, émerveillés.

– Vous avez devant vous le cheval le plus rapide du pays ! se vante-t-il.

Lassé, Percheron bâille à s'en décrocher la mâchoire avant de repartir se coucher sous l'arbre en grommelant :

– Je ne vous comprends pas. Si vous êtes tous si certains d'être la mascotte idéale, pourquoi vouloir vous montrer sous un jour différent ? Tout le monde sait que tu es jolie, Féline, mais d'habitude, tu ne te comportes pas comme si tu participais à un concours de beauté ! Pareil pour vous, Zéphyr et Moustique : nous ne sommes ni sur un champ de course ni au cirque !

– Soyez donc vous-mêmes sans chercher plus loin, ajoute Lulu en rejoignant le cheval de trait. Le naturel, il n'y a rien de tel !

Féline hoche la tête.

– Exactement ! approuve-t-elle, comme si elle n'était pas concernée. Soyez tous aussi naturels que moi !

Et rebelote ! Elle se hisse sur la pointe des sabots et essaie de nouveau de faire quelques pas. Andalou grimace d'une moue dubitative.

– Désolé, Féline, mais en temps normal, tu ne marches pas comme ça, murmure-t-il.

– Tu n'en as aucune idée ! se fâche la jolie jument. Jusqu'ici, je me suis toujours efforcée de marcher comme vous !

– Quelle mauvaise foi ! lâche Moustique en pouffant. Mais ce n'est pas grave. Moi, je veux bien de tes conseils pour gagner, Andalou !

L'étalon ouvre des yeux grands comme des soucoupes.

– Comment ça ? Je veux moi aussi tenter ma chance ! proteste-t-il.

On s'entraîne

Ce soir, à l'écurie, Moustique, Féline, Zéphyr et Andalou n'ont toujours qu'une seule et même préoccupation à l'esprit : l'élection de la mascotte du haras ! À tel point que leurs bavardages incessants

empêchent Lulu et Percheron de s'endormir...

– Mais vous allez vous taire, à la fin ? s'impatiente le cheval de trait, du fond de son box.

– C'est vrai ! renchérit Lulu, couchée dans sa stalle. Nous avons sommeil, nous !

– Moi aussi, admet Zéphyr.

– Bon, d'accord, on arrête, souffle Andalou, également bien fatigué. On en reparlera demain.

– Ah, ça, non ! se récrient en chœur Moustique et Féline. Demain, on ne parle pas : on s'entraîne pour remporter la victoire !

Le lendemain, Moustique, Féline, Zéphyr et Andalou profitent du cours d'équitation pour s'appliquer à faire bonne impression. Et comme la veille, les chevaux agissent si curieusement qu'ils ne parviennent qu'à intriguer les élèves…

– Au secours ! Féline recommence à marcher sur la pointe

des sabots ! s'écrie une fillette, paniquée.

Sophie se retourne. Elle fronce les sourcils.

– Pourvu que Féline n'ait pas mal à un pied ! s'inquiète-t-elle à haute voix avant d'ajouter : je suis désolée, les enfants, mais la leçon est annulée. Descendez

de cheval, allez vous changer à la sellerie et rentrez chez vous. Je me charge de prévenir vos parents.

Les enfants, déçus et contrariés, regagnent l'écurie tandis que Sophie s'éloigne en direction du haras, où se trouve son bureau. Restés seuls au paddock, les chevaux ne savent plus quoi penser de la situation.

– Mince ! souffle Andalou. J'ai l'impression que nous avons sérieusement gâché nos chances de devenir la mascotte…

– Oh, non ! gémit Féline. Pourquoi dis-tu ça ?!

– Mais parce que c'est vrai, pardi ! fulmine Zéphyr. La leçon est annulée ! Tu te rends compte ?

– Le bon côté, c'est que cela nous laisse plus de temps pour nous préparer à l'élection, remarque Moustique.

Sous son arbre, Lulu approuve :

– Le petit chou a raison ! Il faut toujours faire contre mauvaise fortune bon cœur !

– Je ne suis pas un petit chou, mais j'ai raison, ça oui ! confirme le poney.

Percheron chasse une mouche en agitant les oreilles.

– Si vous pensez pouvoir vous rattraper, et si gagner le titre compte autant pour vous, tentez votre chance, les amis. Allez-y, entraînez-vous ! les encourage-t-il. Lulu et moi, on vous admire !

Féline semble moins sûre d'elle, subitement. Voici finalement qu'elle décide d'abandonner sa nouvelle démarche ! À la place, elle s'exerce à battre des cils très fort et très vite. Elle est tellement certaine de son irrésistible pouvoir de séduction qu'elle n'entend même pas les moqueries de Zéphyr ! De son côté, Moustique a d'autres préoccupations...

– Andalou, tu veux bien m'aider ? demande-t-il d'une petite voix. Tu veux bien me dire comment gagner, s'il te plaît ?

– Si je le savais, j'en ferais moi-même bon usage ! affirme l'étalon.

Devant le regard suppliant du poney, il ne peut cependant résister et finit par céder :

– D'accord, on va essayer de trouver la meilleure façon de marcher !

Et Moustique commence à imiter chaque geste d'Andalou. Gambadant quelques pas derrière lui, il adopte ses attitudes, ses mimiques. C'est un spectacle vraiment charmant !

– Oh, qu'ils sont adorables, ces deux-là ! s'extasie Lulu. Je vais voter pour eux !

– Ce sont les enfants, qui voteront, pas nous, bougonne Percheron. Tu es trop sensible !

Confuse, Lulu grimace d'un air gêné, puis elle reporte son attention sur Zéphyr. En souvenir de son passé de champion de course et de saut d'obstacles, le pur-sang franchit d'un bond majestueux la haie qui sépare le paddock du chemin principal. Une fois hors de l'enclos, il rentre de la même manière, en retroussant les lèvres avec orgueil.

– Vous avez vu ça ? lance-t-il fièrement. J'ai du style, non ?!

Et *badaboum !* Il heurte Féline, qui avançait justement les paupières fermées. Ils s'écroulent ensemble dans l'herbe. La jolie jument hennit de terreur.

– *Hiiiiii !* Que se passe-t-il ? Est-ce que je suis blessée ?!

– Non, tout va bien ! s'empresse de la rassurer Andalou.

– Sauf que ce n'est pas comme ça que tu remporteras le titre ! note Moustique sur un ton malicieux.

L'incendie

Enfin, le jour de l'élection arrive ! Pour l'occasion, Émile Bonpoil, le maire du village, a eu une grande idée : inviter une équipe du journal local à couvrir l'événement ! Tout fiers de faire la une de la semaine prochaine,

Sophie et Victor accueillent joyeusement les reporters qui se présentent vers midi dans la cour du haras. Quelle effervescence ! Le journaliste et le photographe débarquent un impressionnant matériel du coffre de leur camionnette. Émile Bonpoil est là, lui aussi. Il porte son écharpe tricolore en travers de sa plus belle veste afin de poser pour la photo avec le vainqueur.

– Où sont les concurrents ? demande le journaliste en tendant un micro à Victor.

Intimidé, le palefrenier rougit.

– Heu, je… bafouille-t-il.

– Les chevaux sont dans l'enclos, près de l'écurie, intervient Sophie, beaucoup plus à l'aise que son ami. Voulez-vous venir les voir ? Les enfants sont avec eux.

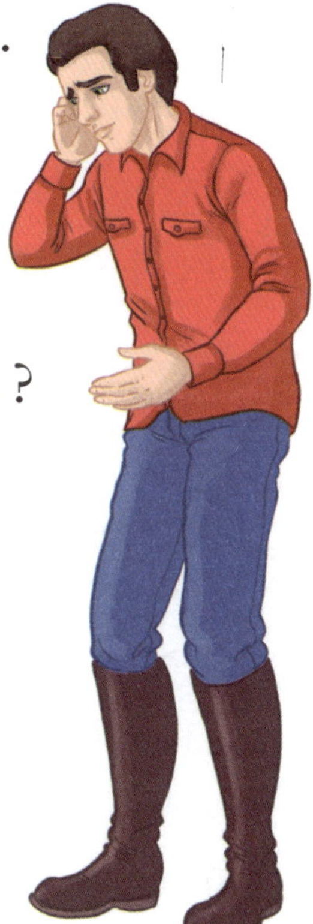

– Les enfants, c'est-à-dire vos élèves ? interroge encore le journaliste.

– Oui, ce sont eux qui vont élire la mascotte du centre équestre, répond Sophie.

Le photographe a solidement installé ses projecteurs sur l'herbe, dans l'enclos principal. Puis il a prié les enfants de se rapprocher des chevaux afin de réaliser une photo de groupe avant la proclamation du résultat de l'élection. Comme

d'habitude, Percheron et Lulu restent sous leur arbre. Quant à Féline, elle minaude plus que jamais…

– Arrête un peu ! lui recommande Lulu, de loin. À force, tu auras l'air ridicule, sur la photo !

– Alors ça, ça m'étonnerait ! proteste la jolie jument.

Elle bat des cils, lorsque *clic !* le photographe presse le bouton.

– Voilà, c'est dans la boîte ! annonce-t-il.

– Non ! Je fermais les yeux ! Pitié, recommencez ! se met à hennir Féline en tapant rageusement des sabots par terre.

Évidemment, le photographe ne comprend pas ce qu'elle dit. Il se tourne vers Sophie et demande, inquiet :

– Que se passe-t-il, avec la jument ? Elle a eu peur du flash ? Elle est dangereuse ?

– Aucun risque, le rassure Sophie. Coquette comme elle est, elle réclame sans doute un autre cliché !

Devant la moue dubitative du photographe, Moustique exécute une pirouette en agitant sa longue crinière dorée.

– Ha ! Ha ! Ha ! Tu es trop drôle, Féline ! se moque-t-il gentiment.

– Moi, à votre place, je prendrais cet adorable poney pour mascotte, déclare soudain le photographe.

Fou de joie, Moustique hoche la tête afin d'acquiescer. Sophie sourit.

– Je trouve plus juste que les élèves du centre décident, répond-elle.

Le photographe hausse les

épaules, amusé. À cet instant, Filou le chat déboule comme une fusée dans l'enclos. Martin le chien le poursuit en aboyant, et tous deux zigzaguent entre les pieds des projecteurs.

– Je crois qu'ils veulent figurer sur la photo de groupe ! pouffe Sophie.

Hélas, les deux maladroits frôlent un projecteur et le déséquilibrent. Celui-ci s'écroule dans le buisson voisin. L'ampoule explose, et le feu embrase les broussailles. Les flammes se propagent rapidement. Les chevaux, apeurés, se cabrent, et les enfants, près d'eux, poussent des hurlements de terreur.

– Pas de panique ! s'exclame Sophie. Ce n'est qu'un minuscule incendie. Il n'y a pas d'autre fourré : si le vent ne se lève pas, le feu ne pourra pas se propager. Ne vous affolez pas, les enfants !

À ces mots, les élèves recouvrent leur sang-froid. Ils se taisent et arrêtent de courir vers la barrière. L'un d'eux propose même d'aller chercher de l'eau afin d'éteindre les flammes. Les cris ayant maintenant cessé, les chevaux, voyant tout le monde si calme autour d'eux, s'apaisent. Après tout, seul le buisson brûle !

– Le petit a raison, lance le photographe. Nous avons besoin d'eau !

– Je vais appeler Victor, décide Sophie.

Elle sort son téléphone portable de sa poche, compose le numéro du palefrenier et patiente au bout du fil. Enfin, la tonalité change. Ouf, Victor a décroché !

– Allô, Victor ? Ici Sophie. On a un petit problème, à l'enclos… Tu peux venir nous aider en urgence ? Apporte l'extincteur !

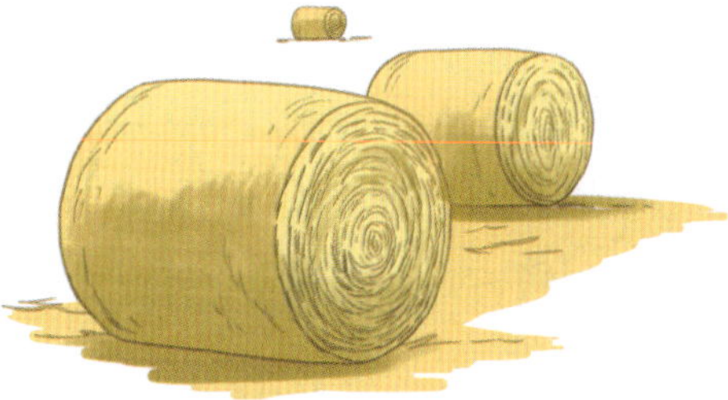

Tous à la rescousse !

Sans hésiter, Victor accourt à la rescousse. Il arrive hors d'haleine à l'enclos.

– Eh bien, quoi ? lâche-t-il, le souffle court. C'est juste ce buisson, qui brûle ?

– Heureusement ! s'exclame Sophie. Mais il est tout de même nécessaire d'éteindre ce feu, n'est-ce pas ?

Le palefrenier pousse un soupir.

– Bien sûr ! Mais tu m'as fait une de ces peurs, au téléphone ! Je craignais quelque chose de beaucoup plus grave ! Pas de blessé ?

– Pas de blessé, affirme la cavalière en souriant. Et ce qui est fantastique, c'est que les chevaux se sont déjà calmés !

Zéphyr redresse le nez avec orgueil.

– Comment ça, nous nous sommes calmés ? souffle-t-il, de mauvaise foi. Moi, je n'ai pas tremblé une seconde.

– Tu as pourtant hurlé : « Sauvez-moi, je ne veux pas griller ! » souligne Andalou, espiègle.

– N'importe quoi ! nie effrontément le pur-sang. Je crois que c'est l'un des enfants, qui a crié.

– Un enfant qui hennissait comme toi, alors, le taquine Lulu.

Pendant ce temps, Sophie toise Victor des pieds à la tête et ajoute, surprise :

– Tu es venu sans l'extincteur ?!

– Il est cassé, avoue le palefrenier. Mais ne t'inquiète pas : je fonce au château d'eau remplir des seaux ! Je vais atteler Percheron à la charrette et ainsi je les rapporterai en une seule fois !

– C'est parti ! s'exclame le cheval de trait.

Percheron a beau adorer se prélasser sous son arbre, il n'hésite jamais à apporter son aide à Sophie et à Victor…

Il se lève donc et gagne la barrière.

– Ça alors ! Percheron a compris ce que j'ai dit ! s'extasie Victor.

– En tout cas, il est toujours prêt à rendre service ! lance Sophie avec fierté.

Jalouse, Féline se met à piaffer dans l'herbe.

– Arrête un peu de crâner, Percheron ! gronde-t-elle. Les enfants vont finir par te choisir comme mascotte du haras, alors que tu ne participes même pas aux cours d'équitation !

– Je ne crâne pas, j'accomplis simplement mon devoir ! corrige le cheval de trait.

Victor lui enfile un licol afin de le sortir de l'enclos. Près de lui, Sophie s'étonne à nouveau.

– Excuse-moi, mais pourquoi ne vas-tu pas plutôt chercher

le tuyau d'arrosage ? l'interroge-t-elle. Ce serait plus pratique, non ?

– Il est percé, regrette son ami. Filou a planté ses griffes dedans la dernière fois que j'ai douché Moustique. Je devais justement aller en acheter un au village cet après-midi !

– Pas de veine, marmonne Émile Bonpoil. Vous me ferez le plaisir d'investir aussi dans un nouvel extincteur. C'est indispensable !

– À vos ordres, monsieur le maire ! s'empresse d'acquiescer

Sophie. Mais, en attendant, il va bien falloir nous contenter d'une vieille charrette et de simples seaux d'eau !

Peu après, Victor revient à l'enclos avec les seaux d'eau. Il conduit avec soin la charrette sur les pavés de la cour. Quant à Percheron, il fait bien attention à marcher sur un rythme régulier afin de ne pas faire bringuebaler la charrette et de renverser le moins d'eau possible. Enfin, ils s'immobilisent sur les pavés, juste en face de la barrière de l'enclos. Sophie l'ouvre en grand, puis Victor s'empare d'un seau et se précipite vers le buisson enflammé. Mais vider un seau, cela ne sert pas à grand-chose ! Les enfants recommencent à paniquer. Moustique hennit :

– Pauvre Victor ! S'il continue d'apporter les seaux un par un, il n'éteindra rien du tout !

Sophie aide le palefrenier, bien sûr. Mais le temps qu'ils regagnent la charrette pour récupérer chacun un seau plein, le feu reprend de la vigueur.

– Nom d'une marguerite ! marmonne Lulu sur un ton impatient.

Le petit chou a raison : Sophie et Victor n'emploient pas la bonne méthode !

– Je ne suis pas un petit chou, mais j'ai raison, ça oui ! Regardez : les enfants pleurent carrément de peur, à présent ! s'exclame le poney.

Moustique dit vrai. Les flammes menacent d'atteindre un arbre, désormais, et les élèves du centre s'affolent. Vite, Sophie leur fait quitter l'enclos. Zéphyr déclare sur un ton de défi :

– À nous de jouer, les amis !

– Comment ça ? demande Féline, intriguée.

– J'ai un plan infaillible pour éteindre ce fichu feu, répond le pur-sang. Alors cessons de nous chamailler et, tous ensemble, nous sauverons le haras !

L'élection

Les chevaux fixent Zéphyr avec un air interrogateur.

– Tu veux que nous éteignions le feu ? s'étonne Moustique. Mais nous ne sommes pas des pompiers !

– Et alors ? rétorque le pur-sang. Cela ne nous interdit pas de transporter des seaux efficacement !

Intéressée, Lulu s'approche de Zéphyr.

– Entendu, explique-nous ton plan, réclame-t-elle. Nous t'écoutons de toutes nos oreilles !

Son ami adore attirer l'attention générale.

– Vous allez voir, c'est génial ! se rengorge-t-il. Nous allons nous placer en file indienne entre le buisson et la charrette. Celui qui sera près de la charrette ramassera un seau en prenant délicatement l'anse entre

ses dents. Puis il le passera au cheval juste devant, et ainsi de suite jusqu'au buisson.

– Super ! approuve Andalou. Comme ça, nous apporterons les seaux à Victor beaucoup plus vite !

– Et Victor et Sophie pourront tous les vider en même

temps, ce qui empêchera les flammes de se raviver ! en conclut Lulu. Je te félicite, Zéphyr. C'est une brillante idée !

Percheron hoche la tête pour montrer son contentement. Ce plan lui plaît beaucoup ! C'est une occasion pour ses amis de mettre la compétition de côté et de montrer leur belle solidarité !

L'idée de Zéphyr s'avère excellente. Sophie et Victor sont enchantés de l'aide des chevaux !

Oh, bien sûr, Féline essaie d'en profiter pour se faire remarquer. Elle attrape le premier seau du bout des lèvres, afin d'avoir l'air chic, et *paf !* elle le laisse tomber par terre. Moustique n'est pas en reste : il fait son malin en exécutant une pirouette sur lui-même… ce qui, catastrophe, renverse l'eau ! Mais tous deux retiennent la leçon et ne recommencent pas.

Sans regret, ils oublient l'élection et abandonnent leurs minauderies préférées afin de ne pas compromettre le sauvetage du haras…

Bientôt, le feu est éteint. Grâce à l'intervention des chevaux, il n'y a aucun dégât. Seul le buisson a brûlé. Même l'arbre voisin a finalement été épargné.

– Vous voyez, les enfants, c'est ce qui s'appelle avoir plus de peur que de mal ! s'esclaffe

Sophie. Il n'y avait vraiment pas de quoi s'affoler !

– Les chevaux ont été formidables, lance Émile Bonpoil. On aurait juré qu'ils comprenaient tout ce qui se passait !

– Mais ils comprenaient, monsieur le maire, affirme Victor. Je vous garantis que, quoi qu'il arrive, ils comprennent toujours !

À ces mots, le maire se tourne vers les enfants, enfin rassurés, et s'exclame :

– Le moment me semble idéal pour voter ! Alors, à votre avis, quel cheval s'est montré le plus courageux ?

Féline frémit.

– Non, ce n'est pas juste ! proteste-t-elle. Il n'y a pas que le courage, qui compte ! Il y a aussi ma beauté !

– Et mon adorabilité ! enchaîne Moustique, rieur.

Ils redressent la tête, essaient de se faire remarquer. Mais peine perdue : les enfants ont déjà choisi.

– Nous votons pour les six à la fois ! déclarent-ils à l'unisson.

Sophie écarquille les yeux, stupéfaite.

– Vous voulez dire que la mascotte du haras, c'est le groupe des chevaux ?

– Exactement, acquiesce l'un des élèves.

Le journaliste vient aussitôt l'interviewer.

– Peux-tu expliquer ce choix ? demande-t-il.

– Facile ! répond le garçon. Nous, on connaît bien tous les chevaux. Ils ont chacun des qualités et des défauts différents. Mais en cas de problème, comme aujourd'hui, ils sont très complémentaires !

– Ils sont donc tous aussi précieux et importants ? interroge encore le journaliste.

– Oui, tous ! Même Lulu et Percheron, qui ne participent pas aux leçons d'équitation, mais qui répondent toujours présents quand c'est nécessaire ! réplique le garçon.

Sophie applaudit.

– Très bonne analyse ! approuve-t-elle.

– Les chevaux, à eux six, représentent toutes les valeurs de notre haras ! renchérit Victor. Chacun dans son genre mérite d'être une mascotte !

– Hourra, j'ai gagné ! triomphe Moustique en hennissant de rire.

– Et maintenant, en place pour le portrait du groupe des vainqueurs ! lance le photographe.

Quelques jours plus tard, Victor affiche dans l'écurie la une du journal local, où se trouve l'article sur la mascotte du haras. La photo des chevaux est très réussie ! Fous de curiosité, ceux-ci se réunissent devant l'affiche aussitôt Victor reparti.

– Hé ! Je suis beau, là-dessus ! se félicite Moustique en admirant son portrait.

Il pose devant, dans la même attitude. Amusés, ses amis retroussent les lèvres sur leurs dents épaisses. Sur le cliché, ils ont tous l'air très heureux, sauf Zéphyr et Féline.

– Pourquoi boudez-vous, sur la photo ? leur demande Andalou, étonné. On a tous gagné, pourtant !

– Justement, rétorque Féline, maussade. Gagner à plusieurs...

– ... c'est comme perdre ! achève Zéphyr.

– En tout cas, moi, je suis drôlement content ! lance Moustique. Les six mascottes du haras sont parfaites ! En plus, regardez : je suis au premier plan, sur la photo. Et Percheron tient encore l'anse d'un seau entre ses dents ! Au moins, ça nous fait un souvenir…

Il fait une pirouette avec un grand sourire comique, avant de terminer :

– … méga-rigolo !

Fin

Retrouve très prochainement
une nouvelle aventure
de tes chevaux préférés !

As-tu lu les précédentes histoires ?

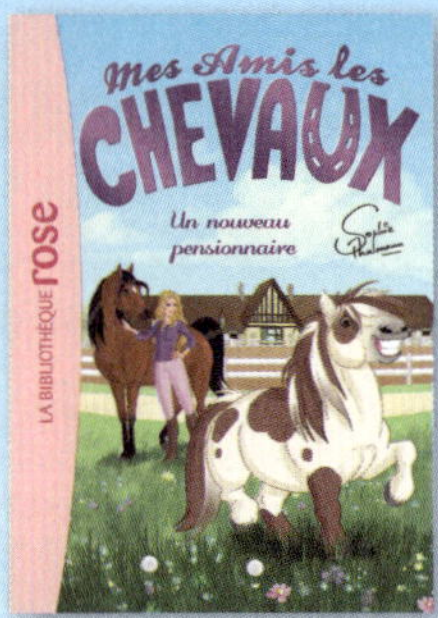

1. Un nouveau pensionnaire

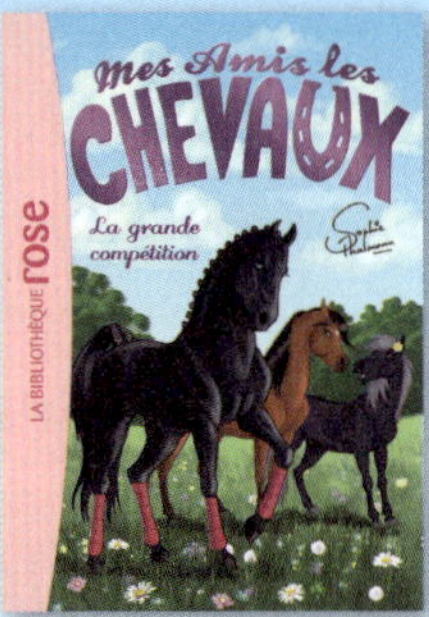

2. La grande compétition

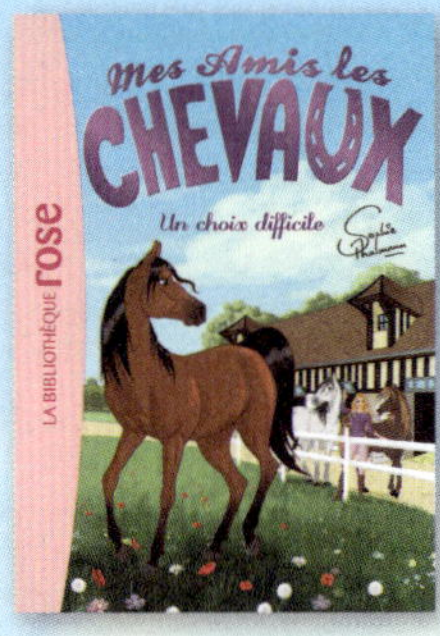

3. Un choix difficile

4. Un rival inattendu

5. Une randonnée mouvementée

6. Une rencontre inoubliable

7. La surprise de l'hiver

8. Le loup solitaire

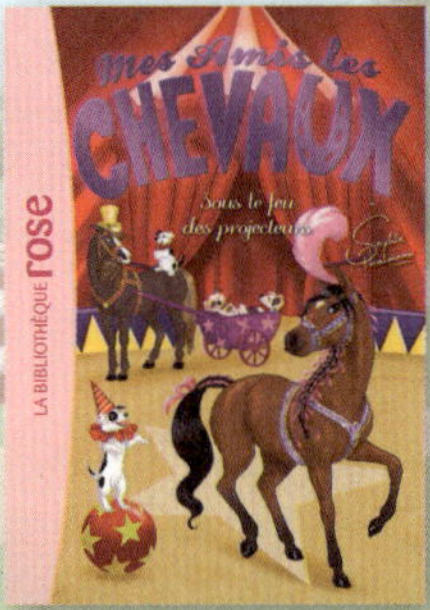

9. Sous le feu des projecteurs

10. Le concours de beauté

11. Peur sur l'écurie

12. Mystère au centre équestre

13. Moustique a mal aux dents !

14. Une journée à la mer

15. Lulu a disparu !

16. Moustique est amoureux

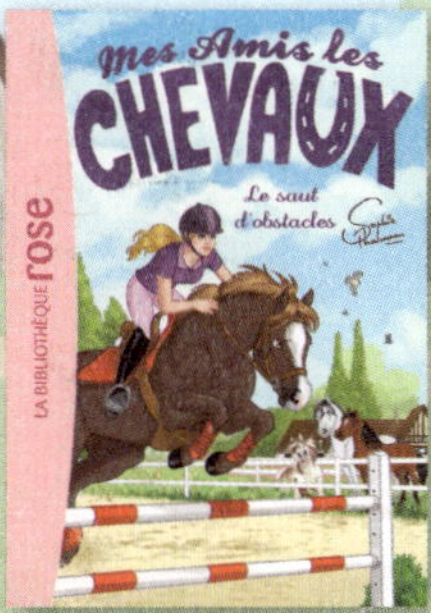

17. Le saut d'obstacles

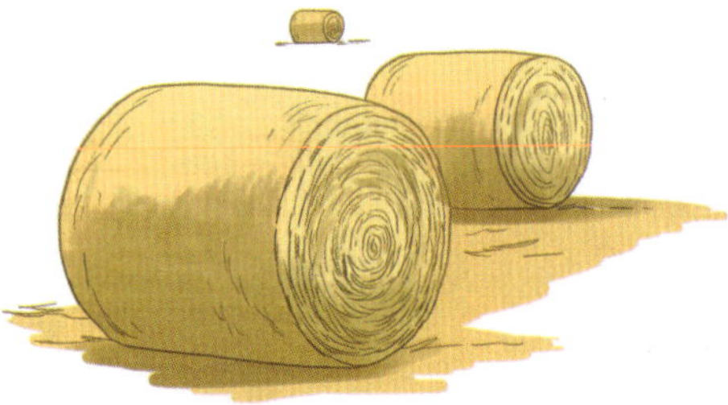

Table

PAPIER À BASE DE FIBRES CERTIFIÉES

hachette s'engage pour l'environnement en réduisant l'empreinte carbone de ses livres. Celle de cet exemplaire est de :
400g éq. CO_2
Rendez-vous sur www.hachette-durable.fr

Photogravure Nord Compo - Villeneuve-d'Ascq

Imprimé en Roumanie par Rotolito Romania
Dépôt légal : août 2017
Achevé d'imprimer : juillet 2020
63.5698.8/07 – ISBN 978-2-01-626577-2
Loi n° 49956 du 16 juillet 1949
sur les publications destinées à la jeunesse